BEI GRIN MACHT SICH IHR WISSEN BEZAHLT

Eröffnung eines Premium-Fitnessstudios. Strategische Zielplanung, Analyse, Prognose (SWOT) und eine Strategieformulierung

Arno Peise

Bibliografische Information der Deutschen Nationalbibliothek:

Die Deutsche Nationalbibliothek verzeichnet diese Publikation in der Deutschen Nationalbibliografie; detaillierte bibliografische Daten sind im Internet über http://dnb.d-nb.de abrufbar.

ISBN: 9783346339980
Dieses Buch ist auch als E-Book erhältlich.

Druck und Bindung: Books on Demand GmbH, Norderstedt Germany
Gedruckt auf säurefreiem Papier aus verantwortungsvollen Quellen

Das vorliegende Werk wurde sorgfältig erarbeitet. Dennoch übernehmen Autoren und Verlag für die Richtigkeit von Angaben, Hinweisen, Links und Ratschlägen sowie eventuelle Druckfehler keine Haftung.

Das Buch bei GRIN: https://www.grin.com/document/983481

Hausarbeit

Name, Vorname   Peise, Arno

Modul   Strategische Unternehmensführung I

Studiengang   Gesundheitsmanagement

Inhaltsverzeichnis

1 Grundlegende Informationen zur Ausgangslage

Den Markt kennzeichnet das ökonomische Zusammentreffen von Angebot und Nachfrage (Zentes, 2005, S. 312). Wichtige Faktoren bilden hierbei die Lage und die Produktvielfalt eines Unternehmens.

1.1 Lage und Standort des Unternehmens

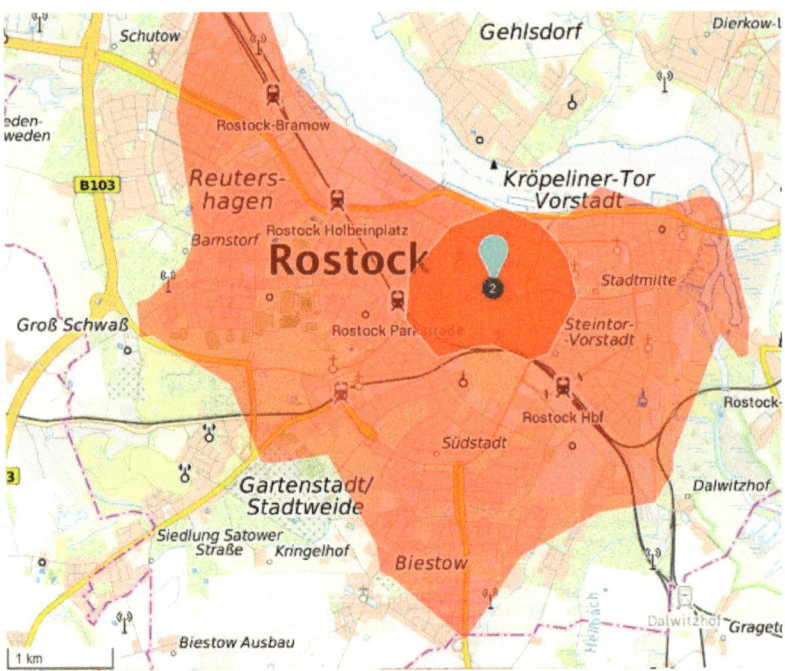

Abbildung 1: Lage und Marktgebiet (modifiziert nach HeiGIT, 2020)

Das Premium-Fitnessstudio befindet sich im Musterweg 14, 18057 Rostock. Der gewählte Standort befindet sich im Stadtteil „Kröpeliner-Tor-Vorstadt". Mit seiner zentralen Lage ist das Studio mit öffentlichen Verkehrsmitteln und zu Fuß sehr gut erreichbar. Vor dem Studio befinden sich Kundenparkplätze welche eine Anreise mit dem PKW erleichtern. Ein öffentlicher Park liegt wenige Minuten Fußweg vom Studio entfernt, sodass ein Besuch mit Freizeitaktivitäten verbunden werden kann. Durch die örtliche Nähe zur Innenstadt, welche geprägt von Bürogebäuden und Dienstleistungsangeboten ist, zählen Berufspendler und Anwohner anderer Stadtteile ebenfalls zur Zielgruppe. Die Abbildung 1 veranschaulicht Die Lage des Studios in Rostock und die Erreichbarkeit im Umkreis von 10 Minuten Wegzeit mit dem PKW (helles Rot) und zu Fuß (dunkles Rot). Die Darstellung legt eine Anreise der Kunden aus allen Himmelsrichtungen zur Hauptverkehrszeit zu Grunde (Zimmermann, 2002, S. 44).

1.2 Strategische Geschäftsfelder

Das Studio wird als EMS-Mikrostudio im Premium-Bereich mit integrierter Kinderbetreuung betrieben. Der monatliche Mitgliedsbeitrag für das Training beginnt bei 120€ und wird bei gebuchter Zusatzleistung der Kinderbetreuung erhöht. Das Studio besitzt eine große Trainingsfläche. Das EMS-Training wird ohne Zusatzgewichte durchgeführt. Die Grundlage für eine Mitgliedschaft bildet das Geschäftsfeld des EMS-Trainings. Um eine individuelle Betreuung und Zielerreichung der Sportler zu gewährleisten wird maximal im zwei zu eins Verhältnis trainiert. Das hat den Vorteil, dass bei Familien beide Elternteile gleichzeitig zum Training erscheinen können oder gemeinsam mit den Kindern (ohne Stromimpuls) Sport zu treiben. Eine große Trainingsfläche und das Training ohne Zusatzgeräte, verringern hier sowohl das Verletzungsrisiko der Sportler, aber auch der Kinder bei ihrem Aufenthalt im Studio.

Die Betreuung der Kinder bildet das zweite Geschäftsfeld und ist eine individuell buchbare Zusatzleistung welche ausschließlich mit pädagogisch geschultem Personal durchgeführt wird. So können sich sowohl Trainer, als auch die Kinderbetreuung unabhängig voneinander auf ihr Aufgabengebiet konzentrieren. Das Studio setzt mit der engen Betreuung der gesamten Familie auf ein nachhaltiges Kundenbindungskonzept und bietet einen Markt für junge Familien in Rostock welche auch in Zukunft dort leben. Das prognostizierte Wachstum der Zielgruppe für die Jahre 2025 und 2035 im gesamten Stadtgebiet begründet diese Entscheidung (Hansestadt Rostock, 2016, S. 19). Der Anteil der 25- 45 Jährigen in Stadtteil „Kröpeliner Tor-Vorstadt" wächst ebenfalls bis auf 17,8% an und erhöht damit die Anzahl der potenziellen Kunden womit das Gesamtkonzept begründet wird (Hansestadt Rostock, 2016, S. 39). Vervollständigt wird das Angebot durch den stationären Verkauf von Zusatzprodukten für Kinder und Erwachsene um eine bedarfsgerechte Ernährung nach dem Training zu unterstützen. Die Rostocker Innenstadt ist geprägt von Berufstätigen. Deshalb beinhaltet das EMS-Studio Duschen und Umkleiden welche kostenlos zur Verfügung gestellt werden um auch einen spontanen Besuch vor der Arbeit oder in der Mittagspause zu ermöglichen.

2 Strategische Zielplanung

Wie in Kapitel 1 deutlich wurde stehen individuelle und professionelle Betreuung für die ganze Familie im Vordergrund. Damit die Mitarbeiter und die Kunden diesen Anspruch wahrnehmen können ist die Entwicklung einer strategischen Zielplanung essentiell.

2.1 Vision, Mission, Grundwerte

„To become part of your family" lautet die Vision des Unternehmens. Der soziale und integrative Charakter durch den gemeinsamen Aufenthalt von ganzen Familien bildet das Kerngeschäftsfeld. Die Vision soll die Mitarbeiter motivieren und in ihrer Tätigkeit bestärken. Dabei steht nicht das Training, sondern die Betreuung, das Schaffen von „Magic Moments" und einer einzigartigen Kundenbindung im Vordergrund um gefühlt Teil der Kundenfamilie zu werden. Hier liegt der gravierende Unterschied zum klassischen Fitnessstudio, in welchem das Training den Mittelpunkt der Dienstleistung bildet. Durch diesen Anspruch werden die Grundmerkmale einer Vision nach Simon und Gathen (2010, S. 18) erfüllt.

Die Vision rückt den Menschen als Individuum in den Mittelpunkt und unterstreicht die Grundwerte des Unternehmens. Die Core Values des Unternehmens lauten:

<u>Sei aufgeschlossen:</u> Durch die enge Kundenbindung ist Offenheit und Akzeptanz für jegliche Besonderheiten, Charakterzüge oder Körpertypen unabdingbar.

<u>Sei ein Coach, auch für dich selbst:</u> Selbstreflexion und lebenslanges Lernen sind erforderlich, wenn man mit Menschen arbeitet. Jeder Kundenkontakt soll einen Lernprozess auf beiden Seiten auslösen.

<u>Hab Spaß:</u> Besonders bei der Arbeit mit Familien und Kindern ist ein ungezwungenes Miteinander essentiell. Neben der Professionalität ist Spaß für alle Beteiligten einer der wichtigsten Werte des Unternehmens.

<u>Seid eine Familie:</u> Die Trennung von Eltern und Kinderbetreuung durch verschiedenes Personal kann eine Distanz zwischen den Mitarbeitern schaffen. Dieser Wert soll aus Individuen eine Familie machen um den Kunden auf Augenhöhe zu begegnen.

Diese vier Grundwerte bilden das Grundgerüst im Umgang mit jeglichen Situationen im Arbeitsalltag und sollen den Mitarbeitern Leitplanken im Umgang mit den Kunden, Lieferanten, Mitbewerbern, der Öffentlichkeit, aber auch untereinander geben.

Die Mission des Unternehmens lautet „Wir sorgen dafür, dass jeder Besuch ein Familienerlebnis mit Lerneffekt wird". Die Mission greift den Anspruch der Grundwerte auf. Durch Professionalität und dem Coaching-Ansatz werden Lerneffekte für alle Beteiligten geschaffen um nachhaltige Kundenbindung zu generieren. Ob Einzeltraining, Doppeltraining, oder ein Training mit paralleler Kinderbetreuung – jedes Mitglied soll sich während des Aufenthaltes wie in einer Familie aufgehoben fühlen, wodurch das genannte Familienerlebnis entsteht. Ziel ist sowohl die Kundenbindung als auch Empfehlungsmarketing zur Neukundengewinnung.

2.2 Unternehmensziele

<u>Ziel 1:</u> Nach drei Jahren hat das Studio den größten Marktanteil für die Kernzielgruppe der 25-45 Jährigen im Stadtteil „Kröpeliner-Tor-Vorstadt".

Das erste mittelfristige Ziel leitet sich aus den Geschäftsfeldern ab welche idealisiert für die Zielgruppe sind. Da die Zielgruppe in den nächsten Jahren in Rostock wächst ist ein Marktstellungsziel essentiell für die Etablierung des Studios im Stadtteil und kann durch gezielte Marketingmaßnahmen unterstützt werden.

<u>Ziel 2:</u> Die Kundenbindungsquote soll jedes Jahr mindestens fünf Prozent über dem deutschen Branchendurchschnitt liegen.

Kundenbindung ist durch die Schaffung eines familiären Umfelds für die Mitglieder ein wichtiges Alltagsziel. Durch die relative geringe Einwohnerzahl im Einzugsgebiet ist ein nachhaltiger Umgang mit Kunden enorm wichtig für langfristigen Erfolg. Das identifizierte Marktleistungsziel ist ebenfalls notwendig um das in der Mission genannte Empfehlungsmarketing zu erleichtern.

<u>Ziel 3:</u> Innerhalb des ersten Geschäftsjahres sollen mindestens fünf Kooperationen mit Kitas oder Schulen erarbeitet werden.

Um ein Stimmungsbild für die Zielgruppe zu haben und sich besser zur Kundengewinnung zu vernetzen sind Kooperationen ein wichtiges Prestigeziel in der Stadt. Hier kann aktiv am Image im Umfeld des Studios gearbeitet werden, um auch außerhalb des Trainings für Familien präsent zu sein um die Vision ganzheitlich zu verwirklichen.

<u>Ziel 4:</u> Die Mitarbeiterzufriedenheit soll halbjährlich untersucht und mit konkreten Maßnahmen unmittelbar verbessert werden.

Die Mitarbeiter sind die Grundlage für die Umsetzung der Vision. Wie ein Familienmitglied sollen die Mitarbeiter sich verstanden, wertgeschätzt anerkannt und gebraucht fühlen um die Grundwerte nachhaltig und überzeugt zu verkörpern.

2.3 Branchenvergleich

Im regionalen und überregionalen Markt finden sich zwei Mitbewerber des gleichen Unternehmenstyps. Für beide Studios werden folgend Gemeinsamkeiten und Unterschiede der Vision, Mission und Grundwerte im Vergleich zum eigenen Unternehmen abgebildet.

Tabelle 1: Zielplanung Körperformen und Bodyturn Rostock (eigene Darstellung)

	Körperformen (Körperformen, 2020)	Bodyturn
Vision	Fit in nur 20 Minuten pro Woche dank EMS Trainings	Nicht kommuniziert
Mission	Fit in 20 Min. pro Woche - Effektives Rückentraining - Persönliche Betreuung bei jedem Training - Minimaler Zeitaufwand & maximale Erfolge	Erreiche mit unserer individuellen Betreuung Deine Ziele – sichtbar, spürbar und ohne großen Zeitaufwand! (BODYTURN, 2020b)
Grundwerte	Effektivität, Hygiene und Sicherheit, Zufriedene Kunden, Persönliche Betreuung, Moderate Preise, Gesundheitskompetenz	Wir bewegen Dich anders! Qualität und Quantität! Trainiere Kopf und Körper! Wir entspannen Dich! (BODYTURN, 2020a)

Körperformen ist unpräzise in den gewählten Formulierungen. Unter dem Wort „Fit" versteht jeder Kunde etwas Anderes. In den Aufzählungen kommt vor allem das Thema der Zeitersparnis in Verbindung mit der persönlichen Betreuung zum Ausdruck, wodurch das eigentliche körperliche Training stark fokussiert wird.

Auch Bodyturn stellt mit seiner Beschreibung das körperliche Training in den Vordergrund, jedoch wird hier in den Grundwerten auch ein mentales Training und ein Entspannungseffekt mit einbezogen.

Beide Unternehmen unterscheiden sich grundlegend von den Ansätzen des eigenen Unternehmens. Hier wird primär auf die Kundenbindung und das Training als Erlebnis eingegangen. Kunden welche Sport als ein Erlebnis betrachten und dabei Emotionen verspüren wollen finden im neuen Studio den größeren Mehrwert. Kunden welche das reine Training und die Zeitersparnis als Mehrwert betrachten finden bei den Mitbewerbern den besseren Dienstleister. Es ist demnach ersichtlich, dass sich die Zielgruppen hinsichtlich ihrer mentalen Einstellung zum Sport stark unterscheiden.

Zusätzlich ist festzuhalten, dass beide Unternehmen ihre Vision, Mission und Grundwerte im Online-Auftritt nicht eindeutig positionieren und kommunizieren, sondern diese intuitiv zugeordnet wurden. Ein Kunde kann demnach nicht nach diesen Informationen suchen um seinen idealen Dienstleister auszuwählen.

3 Strategische Analyse und Prognose

Um die Zielplanung für ein Unternehmen erfolgreich umzusetzen bedarf es einer systematischen Analyse der einzelnen Wettbewerbskräfte.

3.1 Branchenstrukturanalyse

Porters Modell der „Five Forces" (Porter, 2000, S. 29) stellt die Verhandlungssituationen der Wettbewerbskräfte dar. Die Determinanten mit welchen diese ihre Stärke auf den Unternehmenstyp ausüben wurden von Bamberger und Wrona (2012, S. 370 ff.) definiert und wird folgend angewendet.

<u>Zulieferer:</u>

Als unabhängiges EMS-Studio im Premiumsegment ist man nicht an einen spezifischen Hersteller der Geräte gebunden. Auf dem Markt befinden sich mindestens 20 etablierte Hersteller für Geräte und Trainingsbekleidung welche auch bei geringem Auftragsvolumen liefern (emsstudios o.J.). Auch bei Zusatzprodukten in Bereich Nutrition gibt es keine Lieferantenmacht aufgrund des großen Wettbewerbs der Hersteller (Visable S.A, 2019).

<u>Potenzielle Mitbewerber:</u>

Neue Anbieter werden durch Barrieren vom Markteintritt abgehalten. Bislang gibt es neun etablierte Franchiseanbieter für EMS-Training welche den Eintritt durch eine bereits aufgebaute Markenidentität und übergreifende Käuferloyalität erleichtern (FranchisePORTAL o.J.). Durch den geringen Kapitalbedarf aufgrund der Größe der Studios und teilweise bereitgestellten Finanzierungen durch die Franchise-Systeme stellt dies keine zu berücksichtigende Markteintrittsbarriere dar. Berufliche oder gesetzliche Regelungen sind zur Eröffnung eines Fitnessstudios nicht notwendig (Firmenbaukasten AG, o.J.). Der Markteintritt ist somit leicht zu vollziehen und mit potenziellen Mitbewerbern ist zu jedem Zeitpunkt zu rechnen.

<u>Kunden:</u>

Käufer haben im Fitnesssegment eine bedeutende Verhandlungsmacht. Der Markt ist sowohl vom stationären, als auch durch das oft kostenlose digitale Angebot umkämpft (STATISTA, 2020a). Durch die Informationsquelle des Internets verleiht diese Substitutionsgefahr den Kunden eine enorme Verhandlungsmacht in Bezug auf die Preis- und Vertragspolitik eines Unternehmens. Da die Mitgliedschaftsgebühren den Großteil des

Gesamtumsatzes ausmachen sind Studioleiter oft gezwungen den Wünschen des Kunden zu entsprechen, um finanzielle Einbußen durch Kündigungen zu vermeiden (Sciamus Gesellschaft für Beratung und Weiterbildung, 2020, S. 83).

Mitbewerber:

Wie bereits im Absatz der Verhandlungsmacht der Kunden dargestellt gibt es eine große Anzahl an Mitbewerbern am Markt (STATISTA, 2020a). Dazu zählen nicht nur die klassischen Fitnessstudios, sondern auch selbstständige Personaltrainer, Vereine, oder Influencer welche über soziale Medien auf sich aufmerksam machen. Besonders Kettenbetriebe im Discountbereich sind durch ihre große Bekanntheit und die überregionale Verfügbarkeit starke Mitbewerber, selbst für Premium-Fitnessstudios, da Kunden einen fairen „Value-for-Money" erwarten (Deloitte GmbH Wirtschaftsprüfungsgesellschaft, 2020). Oft sind Kunden die Qualitätsunterschiede der Studios nicht bekannt wodurch die Gefahr besteht, dass Produktdifferenzierungen irrational getroffen werden.

Ersatzprodukte:

Klassische Substitutionsprodukte in der Branche sind Heimfitnessgeräte beziehungsweise neuere, durch Technologien betriebene Produkte, wie beispielsweise die Nintendo Wii mit Sportspielen. Diese Produkte stellen jedoch zum heutigen Zeitpunkt keine Konkurrenz für ein ganzheitliches Training dar (Backer, G. 2011 S. 86-87). Durch die Digitalisierung ist jedoch nicht auszuschließen, dass neue Innovationen eine realistische Perspektive am Wachstumsmarkt Fitness haben (Hoffmann, Tiemann, & Bös, 2018). Die bereits genannten, teils kostenlosen Angebote auf Social Media Plattformen wie Youtube oder Instagram setzen hier bereits an.

3.2 SWOT Analyse

Die SWOT Analyse stellt eine Kombination der Umwelt- und Unternehmensanalyse dar um Strategische Möglichkeiten zu formulieren (Bea & Haas, 2013, S. 120). Diese wird folgend für das Unternehmen durchgeführt.

Unternehmensanalyse:

Die Unternehmensanalyse wird mit Hilfe des Stärken-Schwächen-Profils nach Bea & Haas (2013, S. 125) gegenüber den am Standort befindlichen stärksten Wettbewerber Bodyturn Rostock durchgeführt. Abbildung 1 veranschaulicht den Unternehmensvergleich anhand von 11 gewählten relevanten Kriterien.

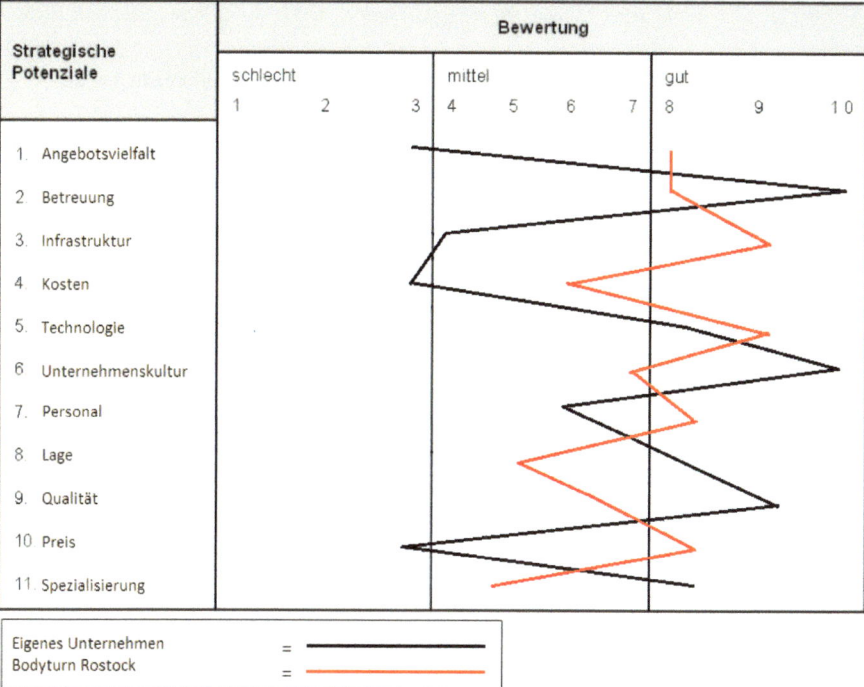

Abbildung 2: Stärken-Schwächen-Profil (modifiziert nach Bea & Haas, 2013, S. 125)

Stärken:

Die Betreuung bei Bodyturn Rostock wird lediglich für die Trainierenden bereitgestellt, eine professionelle Kinderbetreuung wird vor Ort nicht gewährleistet, was die Trainingsverfügbarkeit für Familien mit Kindern einschränkt und einen gemeinsamen Aufenthalt unattraktiv gestaltet (BODYTURN, 2020a).

Die Unternehmenskultur zur Kundenbindung ist Teil der Vision und der Core Values des eigenen Unternehmens und wird klar kommuniziert. Der Mitbewerber kommuniziert diese ebenfalls, hat aber lediglich einen Fokus auf den individuellen Trainingserfolg und verfolgt keinen ganzheitlichen Coaching Ansatz für die gesamte Familie (BODYTURN, 2020b).

Durch einen besseren Betreuungsschlüssel und einer Spezialisierung auf EMS-Training ohne Zusatzgeräte kann der Trainer eine bessere und sicherere Ausführung der Trainingsübungen gewährleisten, womit die Qualität der Dienstleistung den dritten großen Vorteil gegenüber dem Wettbewerber darstellt (BODYTURN, 2020a).

Schwächen:

Der Mitbewerber setzt auf EMS-Training in Kombination mit Cardio-, Kraft,- und Beweglichkeitstraining durch die Nutzung von Zusatzgeräten (BODYTURN, 2020a). Damit ist das Training wesentlich individualisierbarer für spezifische Anforderungen der Kunden.

Durch die zusätzliche pädagogische Betreuung und die dafür vorgesehene Fläche entstehen dem eigenen Unternehmen zusätzliche Fixkosten im Vergleich zum Mitbewerber welcher auf dieses Angebot verzichtet.

Diese Kosten sind in den Mitgliedsgebühren wieder zu finden, womit der potenzielle Kundenkreis kleiner im Vergleich zu Wettbewerber wird, und das Angebot unattraktiver wirken kann.

Umweltanalyse:

Für die Umweltanalyse wurden die ökonomische, politisch-rechtliche, technologische, gesellschaftliche und ökologische Umwelt sowie die Wettbewerbskräfte aus Kapitel 3.1. betrachtet. Die Ergebnisse sind folgend zusammengefasst.

Chancen:

Das prognostizierte Wachstum der Hauptzielgruppe des Unternehmens (Hansestadt Rostock, 2016, S. 19) stellt eine Chance für eine nachhaltige Zukunft am Markt dar. Sowohl für die Mitgliederzahl, das Umsatzwachstum, sowie den ARPU ist eine Wachstumsprognose für die kommenden Jahre vorgesehen (STATISTA, 2020b). Damit steigt die Wahrscheinlichkeit einer umsatzstarken Etablierung des Studios in Rostock. Die aktuelle Corona Pandemie kann für eine bleibende verstärkte Hygienesensibilität der Menschen sorgen. Da in einem EMS-Studio im Vergleich zum klassischen Studio weniger Menschen zur selben Zeit am selben Ort sind, ist dies eine Chance für Mikrostudios mit hohem Hygienestandard und damit dem eigenen Konzept.

Risiken:

Durch die geringen Markteintrittsbarrieren (Kapitel 3.1) fällt es neuen Mitbewerbern leichter sich am Markt zu etablieren, womit die eigene Stellung gefährdet werden kann. Die zunehmende Digitalisierung sorgt durch innovative Angebote aus sozialen Netzwerken, der Medizin oder neuen Trainingskonzepten für eine wechselnde Nachfrage der Kunden. Beispielhaft wäre das Peloton Training zu nennen (Peloton Interactive Deutschland GmbH, 2020). Ob das eigene Konzept eines EMS-Studios nachhaltig Bestand hat, ist somit nicht gesichert. Zudem entwickeln bereits etablierte Ketten wie McFit neue Konzepte ohne Mitgliedsgebühren auf Grundlage einer „Zahlung" mit persönlichen Daten (Chip Digital GmbH, 2018). Die kann ein Mikrostudio aus dem Hochpreissegment mit geringem Kundenaufkommen nicht abdecken.

Auf Grundlage der genannten Recherche ergibt sich eine SWOT-Matrix mit verschiedenen Strategieausrichtungen für das eigene Unternehmen wie in Tabelle 2 dargestellt.

Tabelle 2: SWOT-Matrix Unternehmensplanung (eigene Darstellung)

	Chancen	Risiken
Stärken	Expansion in Rostock und Umland innerhalb der nächsten 5 Jahre aufgrund der Wachstumsprognosen Hygienekonzept perfektionieren um bei Lockdown weniger eingeschränkt zu werden	Kooperationen mit Unternehmen zur Leadgenerierung (Markteintrittsbarriere) Social Media Auftritt mit Influencern aufbauen um digitale Präsenz zu schaffen
Schwächen	Ausbau als Kinder-Tagesbetreuung um eigene Kosten zu senken Kinderbetreuung im ersten Jahr durch Kooperationen mit KITA´s abdecken um Vertragsgebühren zu senken	Schaffung neuer strategischer Geschäftsfelder (analog oder digital) EMS-Training mit Zusatzgewichten oder an Trainingsgeräten ermöglichen

3.3 Anpassung der Zielplanung

Die Zielerreichung nach Kapitel 2.2 ist realistisch, solange die Strategieausrichtung entlang den Stärken des Unternehmens entsprechend der SWOT-Matrix erfolgt und an den festgelegten Unternehmenswerten angeknüpft. Sollte die Strategie sich nach den Schwächen gemäß der SWOT-Analyse ausrichten, könnte der USP durch die Senkung von Kosten und Mitgliedsgebühren verloren gehen. Damit wären alle gesetzten Ziele gefährdet. Sowohl der Zusatznutzen der Kinderbetreuung wäre nicht ideal abgebildet wird, als auch die Dienstleistungsqualität durch neue Geschäftsfelder aufgrund fehlender Qualifikationen könnte gemindert werden.

Die SWOT-Analyse hat keine Anpassung der Ziele zur Folge. Aber die Ziele, welche an die Vision, Mission und die Werte des Unternehmens geknüpft sind, geben die Strategieausrichtung für eine S-O/S-T Strategie vor.

4   Phase der Strategieformulierung

Um die definierten Ziele mit der gewählten S-O/S-T Strategie umzusetzen ist eine konkrete Formulierung der Maßnahmen für die organisatorischen Geltungsbereiche notwendig (Bea & Haas, 2013, S. 171).

4.1 Strategieformulierung

Die formulierten Ziele 1 und 3, zur Vergrößerung des Marktanteils und zur Erarbeitung von Kooperationen (Kapitel 2.2) setzen eine Wachstumsstrategie auf Unternehmensebene nach Bamberger & Wrona (2012, S. 131) voraus. Hierbei ist ebenfalls auf eine Marktdurchdringung im Rahmen der Produkt-Markt-Strategie nach Nagel und Wimmer (2009, S. 206) zu setzen. Dazu werden verstärkt Marketingmaßnahmen eingeleitet um möglichst früh das Ziel der Kooperationspartner (KITAS, Schulen) zur Leadgenerierung und Vernetzung zu erreichen. So kann eine stärkere emotionale Marktpositionierung stattfinden und Marktanteile gewonnen werden. Ebenfalls ermöglicht es der Kontakt zu diesen Einrichtungen Kunden der Konkurrenz auf einer emotionalen Ebene zu erreichen und die eigene Dienstleistung herauszustellen. Dies entspricht auch einer konglomeraten Marktentwicklung, durch die Nutzung neuer Distributionskanäle zur Erschließung neuer Abnehmergruppen in einer abweichenden Wertschöpfungsstufe. Denn auch Erzieher und Lehrer aus dem Bildungssektor sind eine geeignete spezialisierte Zielgruppe für das eigene Konzept.

Auf Geschäftsbereichsebene wird die Strategie der Qualitätsführerschaft nach Venzin et al. (2010, S. 162) angewendet. Das dritte Unternehmensziel fokussiert sich auf die Kundenbindungsquote (Kapitel 2.2), zu Erreichung ist die genannte Strategie essentiell. Dazu ist das Herausstellen des USP gegenüber dem Kunden notwendig um Zusatzkosten zu begründen, Kundenloyalität zu entwickeln und Eintrittsbarrieren zu schaffen. Dies gelingt vor allem durch motivierte und engagierte Trainer und Betreuer welche die Core Values des Unternehmens (Aufgeschlossenheit, Spaß, Coaching, Familie) dem Kunden vorleben und aktiv kommunizieren. Unterstützt wird dies durch einen darauf abgestimmten Firmenauftritt im Internet und vor Ort. Um die Mitarbeiter für diese Strategie nutzen zu können ist eine hohe Zufriedenheit notwendig. Dabei unterstützt Ziel 4 aus Kapitel 2.2. Die Mitarbeiterzufriedenheit wird regelmäßig gemessen und stetig verbessert, welches durch Teamevents, 360-Grad Beurteilungen sowie interne und externe Fortbildungen unterstützt wird.

Um sich von Wettbewerbern abzugrenzen findet auch die Nischenstrategie auf Geschäftsbereichsebene durch die Kinderbetreuung Anwendung. Dadurch wird die in Ziel 1 (Kapitel 2.2) definierte Zielgruppe besonders angesprochen und hervorgehoben. Um die Bedürfnisse der definierten Zielgruppe zu erreichen, ist ein spezielles Angebot notwendig (Bea & Haas, 2013, S. 191). Dieses wird durch pädagogisch geschultes Personal, welches ebenfalls die Core Values des Unternehmens vertritt, sichergestellt.

4.2 Blue Ocean-Strategie

Zur Schaffung eines Geschäftsmodells der Blue Ocean-Strategie sind die Charakteristika und Kriterien nach Kim & Mauborgne (2015, S. 18-23) für eine Firma zu erzeugen. Laut einer Umfrage sind 46% der Deutschen noch nie Mitglied eines Fitnessstudios gewesen (STATISTA, 2018). Damit liegt hier ein Großteil potentieller Kunden. Zu den Hauptgründen die Deutsche davon abhalten Sport zu treiben zählen fehlende Motivation, Zeit, schlechtes Wetter und Übergewicht (Techniker Krankenkasse, 2016).

Der Blue-Ocean wird durch ein Coaching-Konzept auf App-Basis mit wöchentlichen, verbindlichen Gesprächsterminen ohne feste Studiomitgliedschaft geschaffen. Die Kundengewinnung läuft primär im B2B Bereich mit Arbeitgebern ab. Der Kontakt mit dem Mitglied läuft über eine eigene App, sodass Motivation und Zeitersparnis geschaffen wird. So können die Kunden entweder von der Arbeit oder von zu Hause aus das Angebot wahrnehmen. Die Trainingsanweisungen sind alltagsnah und mit eigenem Körpergewicht auf die Alltagsanforderungen des Kunden abgestimmt. Da Übergewicht ein großer Faktor ist kein Sport zu treiben, sollten nicht nur Inhalte zum Training angeboten werden, sondern auch ein digitales Ernährungscoaching mit Rezepten, Einkauflisten und digitalen Ernährungstagebüchern. Das Tracking und die Kontrolle findet ebenfalls über die eigene App statt, damit der Coach Abweichungen zeitnah sieht und über Benachrichtigungen eingreifen kann. Denn über die Hälfte der Deutschen nutzt bereits Tracking-Apps oder ist daran interessiert - die zukünftige Globalisierung bietet hier zukünftig unbegrenzte Möglichkeiten (SPLENDID RESEARCH GmbH, 2019). Zur zusätzlichen Zeitersparnis gibt es einen kooperierenden Lieferservice der auf das Ziel abgestimmte Mahlzeiten zubereitet und zum Kunden liefert. Dies läuft ebenfalls über die Coaching App und wird individuell aufgezeichnet. Bei Bedarf können Zusatzverkäufe wie persönliche Gespräche, Personal-Trainings, gemeinsame Einkäufe oder Körpermessungen gebucht werden. Diese finden jedoch beim Kunden zu Hause, oder in der Firma statt, um eigene Kosten zu senken. Die Zusatzverkäufe werden primär im B2C vertrieben. Die Kooperation mit dem Lieferservice sorgt für ein zusätzliches Einkommen durch Vermittlungsgebühren. Nach einem Monat findet eine detaillierte Benotung des Kundenverhaltens statt, um auch dem Arbeitgeber eine Kontrollmöglichkeit über die Erfolge der Mitarbeiter zu ermöglichen und hier einen weiteren Nutzen zu schaffen.

5 Personalmanagement

Die Führung ist einer der fünf Teilfaktoren für den Unternehmenserfolg nach Hinterhuber (2011, S. 16). Dementsprechend ist die Personalauswahl von Führungskräften ein wesentlicher Faktor für einen nachhaltigen Unternehmenserfolg.

5.1 Führungsverhalten

Die ideale Führungskraft im Unternehmen hat die Fähigkeit sowohl als Manager, als auch als Leader entsprechend der Merkmale nach Hinterhuber (2004, S. 272) zu agieren. Die Fähigkeit situativ angemessen zu reagieren und zu handeln ist entscheidend im Umgang mit Mitarbeitern und Kunden und wird vom Führungspersonal erwartet. Denn in den Core Values des Unternehmens sind sowohl der Coach, als auch das Familienmitglied klar gefordert. Damit sich der Coachende Leadershipstil nach Goleman (2000, 78 ff.) durchsetzt, sind bestimmte Fähigkeiten essentiell. Er muss fachlich in der Lage sein jeden Job im Studio übernehmen zu können. Nur so kann er ernst genommen und sich auf die Führung und Entwicklung von sich selbst, den Mitarbeitern und den Kunden konzentrieren. Er muss die Fähigkeit haben Fehler zuzulassen, um Lernprozesse anzustoßen und Mitarbeiter stetig weiter zu entwickeln, um die Dienstleistung zu perfektionieren. Die Führungskraft muss sich und seine Arbeit stetig reflektieren und Kritik für einen positiven Entwicklungsprozess nutzen. Denn Aufgeschlossenheit ist ein Grundwert des Unternehmens. Erfolgsbescheidenheit ist ein wichtiger Charakterzug, denn Erfolg wird durch das Team erzielt und nicht durch eine einzelne Personen. Demnach sollte die Führungskraft in der Lage sein Lob und Anerkennung, aber auch Kritik und Verbesserungsvorschläge gegenüber den Mitarbeitern angemessen und regelmäßig zu kommunizieren.

5.2 Recruiting

Um diese Fähigkeiten im Recruiting zu überprüfen, sollte die Stellenanzeige nicht zu viele Details zum erwarteten Führungsverhalten beinhalten. So kann sich der Bewerber nicht zu stark vorbereiten und tritt authentischer auf. Sofern eine hohe fachliche Qualifikation aus den Bewerbungsunterlagen ersichtlich ist, wird der Bewerber schriftlich zum Gespräch eingeladen. In diesem Gespräch nimmt auch ein Vertreter des Trainerteams teil, um die Akzeptanz im Team und das Verhalten des Bewerbers mit zu überprüfen. Es erfolgt ein freies Interview, möglichst in einer neutralen Umgebung, außerhalb des Studios um ein unverfälschtes Verhalten des Bewerbers zu ermöglichen und möglichen Stress zu reduzieren. Die Fragen sollen Aufschluss über die Persönlichkeit geben, können also auch vom eigentlichen Job und Arbeitsprozess abweichen, um die Sprachgewandtheit losgelöst vom Fachtermini zu überprüfen. Denn im Umgang mit Kunden und Mitarbeitern findet viel Austausch und Smalltalk aufgrund der persönlichen Betreuung statt. Entscheidend für eine Einstellung ist bei Sympathie auch eine Probearbeitswoche, um die Akzeptanz und das Verhalten im Team zu überprüfen. Nach einem Feedback des Teams hat dieses ein Mitbestimmungsrecht über die Einstellung, um den Grundwert einer Mitarbeiterfamilie auch als Inhaber vorzuleben.

6 Literaturverzeichnis

Bamberger, I. & Wrona, T. (2012). *Strategische Unternehmensführung. Strategien, Systeme, Methoden, Prozesse* (Vahlens Handbücher der Wirtschafts- und Sozialwissenschaften, 2.). München: Vahlen.

Bea, F. X. & Haas, J. (2013). *Strategisches Management* (Grundwissen der Ökonomik: Betriebswirtschaftslehre, 6., vollständig überarbeitete Aufl.). Stuttgart: Lucius & Lucius.

BODYTURN. (2020a). *Bodyturn* [Homepage]. Zugriff am 01.10.2020. Verfügbar unter https://bodyturn.de/

BODYTURN. (2020b). *Bodyturn* [Facebookseite]. Zugriff am 01.10.2020. Verfügbar unter https://www.facebook.com/BODYTURN.de

Chip Digital GmbH. (2018). *Größtes Fitnessstudio der Welt entsteht in Deutschland: Darum ist Trainieren dort komplett kostenlos.* Zugriff am 02.10.2020. Verfügbar unter https://www.chip.de/news/McFit-baut-groesstes-Fitnessstudio-der-Welt-in-Oberhausen-Darum-ist-Trainieren-dort-kostenlos_134504145.html

Deloitte GmbH Wirtschaftsprüfungsgesellschaft. (2020). *Der deutsche Fitnessmarkt 2019.* Zugriff am 01.10.2020. Verfügbar unter: https://www2.deloitte.com/de/de/pages/presse/contents/Der-deutsche-Fitnessmarkt-2019.html

emsstudios. (o.J.). *Geräte.* Zugriff am 30.09.2020. Verfügbar unter: https://www.emsstudios.de/ger%C3%A4te/

Firmenbaukasten AG. (o.J.). *Fitnessstudio eröffnen – Ihr Weg in die Selbständigkeit.* Zugriff am 30.09.2020. Verfügbar unter https://www.firma.de/firmengruendung/fitnessstudio-eroeffnen-ihr-weg-in-die-selbstaendigkeit/

FranchisePORTAL GmbH. (o.J.). *EMS-Franchise-Systeme*. Zugriff am 30.09.2020. Verfügbar unter https://www.franchiseportal.de/ratgeber/ems-franchise-systeme-welche-gibt-es-und-was-sollten-gruender-beachten-a-25695

Goleman, D. (2000). Leadership that gets results. *Harvard Business Review*, (März – April), 78-90.

Hansestadt Rostock. (2016). *Statistische Nachrichten Bevölkerungsprognose bis 2035*. Zugriff am 27.09.2020. Verfügbar unter https://rathaus.rostock.de/sixcms/media.php/396/Bev%C3%B6lkerungsprognose %20bis%202035.pdf

Hinterhuber, H. H. (2011). *Strategische Unternehmensführung. I. Strategisches Denken* (Bd. 1, 8., neu bearbeitete und erweiterte Aufl.): Erich Schmidt.

Hinterhuber, H. H. (2004). *Strategische Unternehmensführung. Strategisches Handeln* (De Gruyter Lehrbuch, 7., grundlegend neu bearb. Aufl.). Berlin : De Gruyter.

HeiGIT. (2017). *Lage und Marktgebiet*. Zugriff am 26.09.2020. Verfügbar unter https://www.openrouteservice.org/reachn1=52.364175&n2=9.776287&n3=12&a=52. 376197,9.731584&b=0&i=0&j1=15&j2=7&j3=1&d=30&k1=en-US&k2=km

Hoffmann, A., Tiemann, M. & Bös, K. (2018). *Digitale Bewegungsangebote – Bestandsaufnahme, Qualitätskriterien, Perspektiven*. Zugriff am 01.10.2020. Verfügbar unter https://doi.org/10.1007/s11553-018-0648-z

Körperformen. (2020). Zugriff am 03.10.2020. Verfügbar unter https://www.körperformen.com/studios/ems-training-rostock/

Nagel, R. & Wimmer, R. (2009). *Systematische Strategieentwicklung. Modelle und Instrumente für Berater und Entscheider* (5., aktualisierte und erweiterte Auflage). Stuttgart: Schäffer-Poeschel.

Peloton Interactive Deutschland GmbH. (2020). *Peloton.* Zugriff am 02.10.2020. Verfügbar unter https://www.onepeloton.de/bikes

Porter, J. (2010). *Besser verhandeln. Das Trainingsbuch.* Offenbach: GABAL. Zugriff am 30.09.2020. Verfügbar unter https://www.worldcat.org/title/besser-verhandeln-das-trainingsbuch/oclc/854569863

Sciamus Gesellschaft für Beratung und Weiterbildung. (2010). *Strategisches Management für Fitnessstudios.* Zugriff am 01.10.2020. Verfügbar unter https://www.google.com/url?sa=t&rct=j&q=&esrc=s&source=web&cd=&ved=2ahUKEwjmssaF-h5TsAhUypHEKHcW7CVcQFjABegQIAhAC&url=http%3A%2F%2Fwww.s-port-und-management.de%2Findex.php%2Fcomponent%2Fphocadownload%2Fcategory%2F1-ausgaben%3Fdownload%3D28%3Athemenheft-fitnessmanagement-ii&usg=AOvVaw3aH7jNY93ciMHeXN1JW1Q2

SPLENDID RESEARCH GmbH. (2019). *Studie: Optimized Self Monitor 2019.* Zugriff am 03.10.2020. Verfügbar unter https://www.splendid-research.com/de/statistiken/item/studie-einstellung-deutsche-tracking.html

Simon, H. & Gathen, A. von der. (2010). *Das grosse Handbuch der Strategieinstrumente. Werkzeuge für eine erfolgreiche Unternehmensführung* (2. überarbeitete und erweiterte Aufl.). Frankfurt, M.: Campus.

STATISTA. (2018). *Sind Sie aktuell oder waren Sie jemals Mitglied in einem Fitnessstudio?* Zugriff am 03.10.2020. Verfügbar unter https://de.statista.com/prognosen/857882/umfrage-in-deutschland-zur-mitgliedschaft-im-fitnessstudio

STATISTA. (2020a). *Größte Fitnessketten in Deutschland nach Anlagenzahl.* Zugriff am 01.10.2020. Verfügbar unter https://de.statista.com/statistik/daten/studie/6793/umfrage/top-10-fitnessketten-nach-anlagenzahl/

STATISTA. (2020b). *Fitness Deutschland*. Zugriff am 01.10.2020. Verfügbar unter https://de.statista.com/outlook/313/137/fitness/deutschland

Techniker Krankenkasse. (2016). *Bewegungsstudie 2016*. Zugriff am 03.10.2020. Verfügbar unter https://de.statista.com/statistik/daten/studie/267524/umfrage/umfrage-zu-den-gruenden-die-deutsche-erwachsene-vom-sport-abhalten/

Venzin, M., Rasner, C. & Mahnke, V. (2010). *Der Strategieprozess. Praxishandbuch zur Umsetzung um Unternehmen* (2., erw. Aufl.). Frankfurt: Campus.

Visable S.A (2019). *Hersteller Fabrikant – Sportnahrung*. Zugriff am 01.10.2020. Verfügbar unter https://www.europages.de/unternehmen/Hersteller%20Fabrikant/Sportnahrung.html

Zentes, J. (2005). Marketing. In M. Bitz, M. Domsch, R. Ewert & F. Wagner (Hrsg.). *Vahlens Kmpendium der Betriebswirtschaftslehre* (S. 309-384). Band 1. (5. Aufl.). München: Vahlen.

Zimmermann, M. (2002). *Standortplanung für Dienstleistungsunternehmen: Das Beispiel multifunktionaler Sportanlagen*. Wiesbaden: Deutscher Universitäts-Verlag.

7   Abbildungs- und Tabellenverzeichnis

7.1 Abbildungsverzeichnis

7.2 Tabellenverzeichnis